LES MOBILES
DE LA VENDÉE
AU SIÈGE DE PARIS

(1870-1871)

VANNES
EUGÈNE LAFOLYE, ÉDITEUR
M.D.CCCLXXXVIII

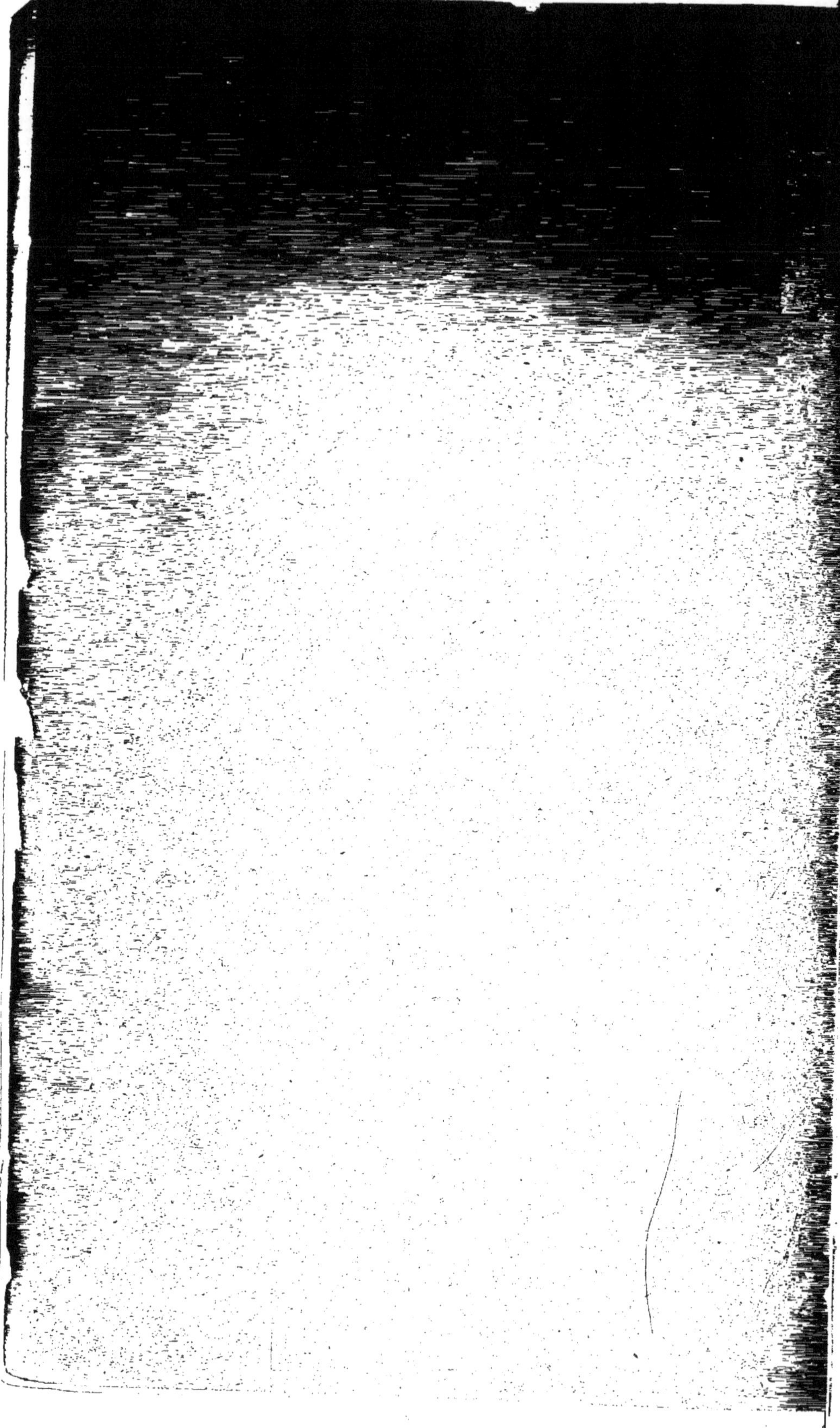

LES

MOBILES DE LA VENDÉE

AU SIÈGE DE PARIS

(1870-1871)

RENÉ VALLETTE

LES MOBILES
DE LA VENDÉE
AU SIÈGE DE PARIS

(1870-1871)

VANNES
EUGÈNE LAFOLYE, ÉDITEUR
M. D. CCCXVIII

Extrait de la REVUE DU BAS-POITOU.

LES

MOBILES DE LA VENDÉE

AU SIÈGE DE PARIS

(1870-1871)

I

INTRODUCTION

Ce n'est point un récit complet et détaillé du siège que Paris a eu à soutenir contre les Prussiens; c'est une simple notice historique des marches et opérations du 35e régiment de mobiles (Vendée), pendant la durée de ce siège.

Ces renseignements, présentés dans la forme la plus succincte, nous ont été communiqués par un obligeant ami, M. L. Joffrion, officier d'ordonnance au 35e régiment. Leur mérite est dans leur authenticité; car ils ont été remis tels quels au ministre de la guerre. Nous les transcrivons donc avec la plus scrupuleuse exactitude, nous bornant à les accompagner de notes également puisées aux meilleures sources.

Merci à ceux qui nous ont permis de conserver ainsi en quelques lignes un souvenir de cette époque néfaste de notre histoire!

Epoque néfaste pour la France toute entière, qui, aujourd'hui abattue et démembrée, a vu s'écrouler le prestige et la renommée qui avaient fait d'elle la première nation de l'Europe !

Epoque néfaste pour nous en particulier, qui avons eu la douleur de perdre, dans cette guerre inutile et imprudente, un frère bien-aimé, lieutenant au 1er bataillon des mobiles vendéens, mortellement frappé à 22 ans, sur le champ de bataille de Buzenval-Montretout, le 19 janvier 1871 !

Souvenons-nous de cette année là ! Un jour, ce sera pour notre patrie une question de vie ou de mort. Il s'agira, pour les enfants d'hier, devenus hommes aujourd'hui, de la faire revivre honorée et respectée, ou de périr honteusement après une crise désastreuse.

Mais, sachons attendre ! La patience, on l'a dit, est la vertu des forts. Rappelons-nous seulement, à l'heure qu'il est, rappelons, à l'honneur de la France et de la Vendée, les efforts tentés par nos aînés pour le salut du pays. Rappelons surtout l'intrépidité et la vaillance de nos braves mobiles, quittant la charrue et l'atelier pour le champ de bataille. Et, en attendant qu'un monument plus digne de leurs mérites vienne consacrer leur fin glorieuse, qu'il nous soit permis de déposer ce modeste hommage sur la tombe de ceux qui ont héroïquement succombé pour la patrie !

II

LE JOURNAL DU RÉGIMENT

Dans les premiers jours du mois d'août 1870, tous les jeunes gens compris dans la garde mobile en vertu des lois antérieures reçurent l'ordre de se réunir, le 17 août, au chef-lieu de leur arrondissement respectif[1]. Ce contingent fut augmenté, le 5 septembre, des hommes appartenant aux classes 1865 et 1866 exonérés par le gouvernement et qui, jusqu'au 18 août, n'avaient été l'objet d'aucun appel.

Les officiers furent nommés à titre provisoire par le gouvernement, sur la présentation du chef de bataillon et du général commandant le département : les uns âgés de 25 ans, appelés nominativement, d'autres, plus âgés, guidés par le devoir de défendre sous le même drapeau une aussi noble cause, et de venir en aide à leurs frères en danger[2].

Le département de la Vendée donna lieu à la formation de quatre bataillons : le 4e bataillon fourni par l'arrondissement

[1] Le 1er bataillon fut formé par les cantons de : l'Hermenault, St-Hilaire-des-Loges, Fontenay-le-Comte, Maillezais, la Châtaigneraie, et Pouzauges.

Le 2e bataillon par ceux de : Chaillé-les-Marais, Luçon, Napoléon-Vendée, Mareuil-sur-le-Lay, Chantonnay, Ste-Hermine, et les Moutiers-les-Mauxfaits.

Le 3e bataillon par ceux de : les Herbiers, les Essarts. Rocheservière, Montaigu, St-Fulgent, Mortagne, et le Poiré.

[2] Plus tard, ils furent soumis à l'élection.

des Sables d'Olonne a toujours été administré à part. Cette notice historique comprendra donc exclusivement les trois premiers bataillons, qui constituent à eux seuls le 35e régiment.

Le 25 août, le régiment fut mis sous les ordres de M. Aubry, commandant le 2e bataillon, nommé lieutenant-colonel. Cet officier supérieur, après s'être distingué pendant les campagnes d'Afrique, de Crimée et d'Italie, donnait assurément toutes les garanties de bravoure et de loyauté.

Comme il arrive toujours en pareille circonstance, c'est-à-dire lorsqu'il s'agit de constituer un corps de troupes homogène et discipliné avec des éléments aussi imparfaits, les difficultés, les embarras de toute nature surgissaient. Les officiers en majeure partie n'avaient jamais été soldats et ignoraient les premiers principes de l'art qu'ils étaient appelés à transmettre à leurs compagnies ; de plus, les hommes, habitués à une entière liberté, voyaient avec appréhension le joug de la discipline peser sur leur tête. Néanmoins, rendons en passant justice à leur bon vouloir et à leur parfaite tenue.

On commença alors par distribuer aux hommes, des fusils à percussion, anciennes armes de l'armée active, et des vêtements tels que blouses, pantalons et képis.

La République venait d'être proclamée, et les désastres de Wœrth et de Sedan étaient parvenus à sa connaissance. L'armée prussienne se dirigeait sur Paris. Les instants étaient précieux et la Capitale en danger.

Le 35e régiment reçut l'ordre, par l'intermédiaire du général de Martimprey, de se rendre immédiatement à Paris. Cet ordre, parvenu le 9 septembre, fut mis immédiatement à exécution et le départ fut fixé aux 11 et 12 septembre. Le 1er bataillon suivit la ligne du chemin de fer de Poitiers, Tours, Orléans ; les 2e et 3e bataillons, celle de Nantes, Le Mans et Chartres.

En arrivant à Paris, chaque homme reçut un billet de logement, et les 3 bataillons furent placés sous les ordres du général Corréard, commandant la 4e division des gardes mobiles de l'armée de Paris.

Le 16 septembre, le 35e régiment fut rassemblé à l'Ecole militaire : là, on laissa les fusils à percussion distribués en Vendée et on leur substitua les fusils à aiguille, système Chassepot. Après quelques cours théoriques et pratiques, les hommes apprirent le démontage, le remontage et le nettoyage de ces nouvelles armes.

Le 18 septembre, le 1er bataillon reçut l'ordre d'aller camper à Montsouris pendant 48 heures ; il fut remplacé par le 2e bataillon, auquel succéda le 3e [1]. Chaque homme avait reçu préalablement quelques cartouches.

Le 23 septembre, le régiment, classé dans le 13e corps d'armée, 2e division, commandée par le général de Maudhuy, quitta définitivement Paris, à 4 heures du matin. Le 1er bataillon occupa Gentilly ; le 2e et le 3e, Ivry. Dans ces différents postes, les troupes furent employées à la construction de barricades, de tranchées nécessaires à la défense de Paris, alors organisée d'une façon incomplète.

Certaines rues de Gentilly furent dépavées par les soldats et les matériaux en provenant, disposés soit sur la route d'Arcueil, soit sur d'autres voies pour arrêter l'ennemi ; des meurtrières furent ménagées à la partie supérieure de ces ouvrages pour permettre aux troupes de se défendre sans trop s'exposer ; des arbres coupés sur les rives de la Bièvre achevèrent de consolider ces travaux précédés d'un fossé profond destiné à augmenter les difficultés en cas d'attaque.

Dans la soirée du 29 septembre, l'ordre fut donné de se tenir prêt à marcher le 30, à 2 heures du matin. Un supplément de 40 ou 50 cartouches fut distribué à chaque homme ; on prit le café à une heure du matin. Le régiment, sous les ordres du général de brigade Blaise, se mit en marche vers

[1] « Ce fut pendant une de ces gardes que nous parvînmes, après beaucoup de peines, à toucher la petite demi-couverture qui, étendue sur la terre nue ou un plancher quelconque, a composé pendant toute la durée du siège le lit unique de nos pauvres mobiles ! »

(L. de la Boutetière. Le *3e bataillon de la Vendée*. p. 6.)

2 heures et demie dans la direction de Villejuif et du moulin Saquet. Après quelques instants de repos dans la redoute, la brigade se porta vers Thiais : elle devait constituer la réserve des colonnes d'attaque de Chevilly, et s'opposer au besoin à tout mouvement de l'ennemi du côté de Choisy-le-Roy. — La division Maudhuy attaqua les villages de Chevilly et l'Hay; mais, vers 8 heures, des forces ennemies considérables s'étant portées au secours de ces points déjà entre nos mains, on dut se replier sur les Hautes-Bruyères et le moulin Saquet. La retraite s'opéra dans un ordre parfait, malgré diverses attaques des Prussiens sur la queue des colonnes.— Quoique fort exposé au feu, le 35e mobiles n'éprouva dans ce combat que des pertes insignifiantes qui se résument à : un officier blessé (M. Seguin, capitaine au 3e bataillon), un sous-officier tué (Dublé, sergent-fourrier à la 1re c^{ie} du 2e bat.) et 10 mobiles blessés.— A midi, les troupes avaient rejoint leurs quartiers.

Le 9 octobre, le régiment changea de casernement et chaque bataillon alla, à tour de rôle, occuper le Kremlin, Villejuif et le moulin Saquet, pendant une période de trois jours.

Le 12 octobre, le 1er bataillon se rendit à Ivry.

Dans ces différents postes, tous les bataillons concoururent à la défense de la capitale : abatis d'arbres, installation de batteries, démolition de murs, tels sont les travaux qui leur furent confiés, et dont ils s'acquittèrent avec tout le zèle désirable[1].

Le 15 octobre, le régiment reçut l'ordre de rentrer à Paris[2]. Les troupes s'y trouvant alors en grand nombre, le gouvernement avait préalablement pris le soin de disposer des baraquements le long des boulevards extérieurs, et autant que possible dans les quartiers bien aérés. On assigna aux

[1] Les villages, dont il vient d'être parlé, constituaient des postes avancés où les mobiles du 35e eurent maintes fois à faire le coup de feu avec l'ennemi.

[2] On profita de ce séjour pour compléter l'instruction militaire des hommes, activer l'outillage et se munir de tout ce qui manquait encore, tel que les pièces de rechange nécessaires au fusil Chassepot et beaucoup d'effets de campement, de linge et de chaussure.

mobiles de la Vendée les baraques sises au Champ-de-Mars et sur les boulevards Saint-Marcel et de l'Hôpital. Ces constructions légèrement établies étaient loin d'offrir aux troupes les conditions de salubrité désirables ; aussi ces troupes furent-elles éprouvées par les maladies, et notamment par les fièvres typhoïde et intermittente, la petite vérole et l'ophtalmie. Pendant les nuits des 31 octobre et 1er novembre, les 3 bataillons prirent les armes en vue de réprimer des troubles dans Paris, qui se manifestaient par suite de l'intervention à l'Hôtel de Ville des partisans de la « Commune. » Du reste, ces troubles ayant cessé à la suite du vote fait en faveur du gouvernement provisoire, les mobiles de la Vendée regagnèrent sans coup férir leurs quartiers respectifs.

La saison d'hiver se faisait sentir avec intensité ; aussi le 1er novembre, on distribua aux hommes des vestes, des capotes des guêtres, etc... qui, avec d'autres menus objets, complétèrent leur équipement

Le régiment reçut, le 17 novembre, un ordre transmis par le général Corréard. Le 1er bataillon partit le 18, et le 2e le 19; ils se rendirent à Arcueil-Cachan. Le 3e quitta également Paris pour Montrouge, en dehors des fortifications. Dans ces cantonnements les hommes eurent beaucoup à souffrir du service pénible qui leur était imposé : en effet, chaque compagnie occupa, un jour sur deux, des avant-postes très peu distants de l'ennemi, tels que le moulin Cachan, le Cavalier et le parc Raspail qui réclamaient de leur part une vigilance de tous les instants[1]. De plus l'atmosphère humide, les nuits devenues plus froides, et des pluies continuelles contribuaient pour une large part à porter à leur santé une sérieuse atteinte.

[1] Ce dernier séjour rappelle une mauvaise plaisanterie des Prussiens qui, ayant tiré des coups de fusils dans la plaine de Bourg-la-Reine, en face le parc Raspail, mirent toute la division en mouvement. On croyait à une attaque. Les forts éclairaient la plaine de leurs feux électriques, les canons tonnaient Bref, c'était fort beau au point de vue décoratif ; mais de résultats, point.

(Tém. de M. Normand, ancien lieutenant au 1er bataillon).

Le 27 novembre, le 3e bataillon du 35e mobiles quitta Arcueil ; le régiment fut compris dans la 2e armée (général Ducrot), 3e division (général Faron), 2e brigade (général de la Mariouze). Le 28 novembre, les 1er et 2e bataillons partirent d'Arcueil à 6 heures du matin et rejoignirent le 3e bataillon à Montrouge. Les troupes arrivèrent dans le bois de Vincennes après avoir suivi les remparts jusqu'à la porte de Charenton ; elles bivouaquèrent dans le bois jusqu'au 30 au matin. L'ordre du jour du général Ducrot, lu devant le front des troupes, les anima du plus vif enthousiasme. On se mit en marche en colonnes serrées par pelotons dans la direction de Joinville-le-Pont. Là, l'ancien pont, provisoirement mis hors d'usage, avait été rétabli pour livrer passage à l'infanterie ; à 500m en aval, un pont de bateaux solidement construit portait l'artillerie, le train des équipages, la cavalerie et les voitures d'ambulances ; sur la rive droite de la Marne, le régiment fut placé en réserve en arrière de Champigny, où il supporta bravement le feu d'une batterie établie à Chennevières. — A 10 heures, l'ordre de se porter en avant étant arrivé, le régiment traversa Champigny, et se massa au bas de la côte de Chennevières, au-dessous d'une batterie vivement inquiétée par un feu énergique venant du côté de Cœuilly et de la côte dont il vient d'être parlé. Le régiment fut désigné pour occuper le plateau de Chennevières. Les mobiles de la Vendée se mirent en marche au milieu d'embarras croissants, et ils se trouvèrent presque désorganisés au niveau de la batterie prussienne. Une compagnie fut appelée à éclairer le plateau : elle se porta à droite de la route, accompagnée de tout ce qui avait pu suivre la colonne. A ce moment l'ennemi, démasquant une batterie établie à 100 mètres environ de la ligne de tirailleurs, commença le feu le plus violent sur toute la colonne d'attaque et notamment sur le 35e mobiles : de là un premier désordre qui dégénéra bientôt en panique. Les troupes se débandèrent ; l'artillerie, placée sur la route, manquant de munitions, attela ses pièces et descendit à fond de train, renversant tout sur son passage.

Une portion du régiment, qui fut ralliée dans le village de Champigny, passa la nuit dans les positions conquises.

Le 1er décembre, les troupes qui n'avaient pu être ralliées qu'à Joinville-le-Pont et qui avaient campé pendant la nuit dans le bois de Vincennes, rejoignirent celles restées à Champigny. La nuit se passa en travaux de tranchées exécutés en avant du village.

Le 2, au matin, une vive fusillade fut entendue du côté de nos grand'gardes. Ordre fut donné de faire prendre les armes au régiment ; mais le trouble fut jeté dans les rangs par des ouvriers du génie fuyant de toutes parts et par des troupes de ligne qui avaient été surprises. Quelques compagnies du 35e furent cependant rassemblées dans l'intérieur du village, où elles furent employées tant à la construction qu'à la défense des barricades. Le régiment avait été rallié à l'arrière de Champigny, au lieu dit le Bouquet. Le 1er bataillon fut porté en avant ayant pour réserve les 2e et 3e bataillons.

Les troupes bivouaquèrent dans Champigny. Le lendemain, 3 décembre, l'armée se repliait dans ses premiers cantonnements. Après avoir repassé la Marne à Joinville-le-Pont, le régiment vint reprendre sa place à Vincennes, non loin du camp de Saint-Maur.

Dans les journées du 30 novembre et du 2 décembre, la garde mobile de la Vendée eut à subir des pertes relativement énormes, dont la nomenclature ci-après donnera une exacte appréciation :

Officiers mis hors de combat. — (Tués, blessés ou disparus). —	MM. Aubry, lieutt-colt commandant le régt[1].
	Grégoire, commandant le 1er bataillon[2].
	Caillaud, commandant le 2e bataillon.
	De la Boutetière, commandant le 3e bat[3].
	De Béjarry, capitaine-adjt-major[4].
	Gilbert, capitaine[5].
	De Mouillebert[6] —
	Querrion[7] —

[1] Blessé, fait prisonnier. — [2] Tué sur le champ de bataille. — [3] Blessé, à la tête de son bataillon. — [4] Blessé. — [5] Blessé. — [6] Tué. — [7] Blessé. —

Officiers mis hors de combat. — (Tués, blessés ou disparus). —	Nom	Grade	
	Trastour[1]	—	
	Marsais	—	
	Seguin[2]	—	
	Richard	—	
	Normand[3]	lieutenant.	
	De Chasteigner[4]	—	
	Buet[5]	—	
	Tandil	—	
	Le Roy de la Brière	—	officier payeur.
	Vrignaud[6]	—	
	Dubois	—	
	Deshergnes	—	
	Boisson,	sous-lieutenant.	
	De Saint-Estève[7]	—	
	Deshergnes	—	
	Hurtaud	—	

381 sous-officiers, caporaux et soldats manquèrent également à l'appel (tués, blessés ou disparus).

Le régiment rentra à Paris, le 5 décembre. Il fut rangé dans la 3e armée, sous les ordres du général Vinoy. La gare de Lyon lui fut assignée comme casernement.

Il ne serait pas inutile de parler de l'état sanitaire de la troupe qui, comme on pourra en juger, présentait alors une situation déplorable.

Depuis le départ d'Arcueil, le froid était devenu des plus rigoureux : le thermomètre accusait parfois une température de — 9°, rendue encore plus insupportable par des vents continuels. Le 35e passa toutes les nuits du 28 novembre au 5

[1] Blessé. — [2] Blessé. — [3] Blessé, la poitrine traversée par une balle. — [4] Tué par un éclat d'obus. Grâce à l'initiative du père de ce brillant officier, également décédé aujourd'hui, une plaque commémorative, portant les noms de tous les gardes mobiles du canton qui sont morts sous les drapeaux, en 1870-71, a été placée dans l'église de Mareuil. Il serait à souhaiter qu'un semblable hommage fût rendu, dans chaque canton de la Vendée, à la mémoire des vaillants jeunes gens qui sont tombés pour la patrie. — [5] Fait prisonnier, interné à Kœnisgberg. — [6] Tué. — [7] Tué.

décembre, soit dans le bois de Vincennes, soit dans les tranchées de Champigny, sans couvertures ni tentes, les pieds dans la neige ou dans la boue gelée. Les hommes furent donc pendant ce laps de temps presque entièrement privés de sommeil : la nuit, ils se rasssemblaient autour des feux qu'ils alimentaient largement et ils prenaient ainsi quelque repos sur des feuilles mortes couvertes de verglas. Tous les tempéraments faibles succombèrent.

Les situations journalières démontrent que le nombre des hommes entrant dans les hôpitaux excéda dans un seul jour le chiffre de quatre-vingt.

Après Champigny, le régiment se trouvait privé de tous ses officiers supérieurs ; le commandement avait été offert au plus ancien capitaine qui n'avait pas voulu assumer sur lui la responsabilité de prendre la direction d'une troupe qui venait d'être si sérieusement éprouvée ; d'autres capitaines reculèrent également devant cette tâche, que finit par accepter M. Loriot, capitaine adjudant-major au 1er bataillon.

Le 10 décembre, M. Madelor, chef de bataillon d'infanterie récemment promu et qui avait appartenu à l'état-major du général Trochu, fut envoyé pour commander le 35e, avec le titre de lieutenant-colonel. Cet officier, tant par son instruction et sa distinction que par son initiative et son courage, sut inspirer aussitôt à tout le régiment une confiance absolue.

Des mesures furent prises immédiatement pour la reconstitution rapide des cadres : en moins de quelques jours plus de 40 officiers furent promus à différents grades et plus de 90 nominations dans les grades inférieurs vinrent combler les vides produits par le feu de l'ennemi et par la promotion d'un grand nombre de sous-officiers au grade de sous-lieutenant.

L'armement, l'équipement et l'habillement, qui avaient beaucoup souffert des derniers événements, furent aussitôt remis en état ; enfin, avec tous les bons éléments que contenaient les trois premiers bataillons de la Vendée, le régiment aurait repris bientôt une physionomie régulière sans les vides continuels que produisait dans ses rangs la maladie résultant des extrêmes fatigues qu'on venait de subir. En moins d'un mois, le 35e perdait 400 hommes de son effectif des présents, par suite des entrées à l'hôpital ; et vers le 20 janvier, lui, qui au départ de la Vendée comptait plus de 3600 hommes, n'avait plus qu'un nombre de présents s'élevant à 1800 ; encore sur ce chiffre, fallait-il déduire plus de 300 hommes de tous grades, malades à la chambre et atteints si sérieusement qu'il était impossible d'en attendre un service militaire, si léger qu'il fût[1].

En face d'un état sanitaire si déplorable, tous les officiers s'appliquèrent à employer les mesures nécessaires et recommandées pour refaire peu à peu la santé de leurs hommes, et, grâce à leurs efforts, un résultat favorable se fit bientôt sentir.

Nous devons mentionner ici les récompenses qui furent accordées au 35e régiment, à la suite du combat de Champigny.

Sur la proposition du lieutenant-colonel, par décret en date du 8 décembre, le gouvernement nomma chevaliers de la Légion d'honneur :

MM. De la Bouletière, chef de bataillon.
Loriot, capitaine-adjudant-major.
De Béjarry —
Séguin, capitaine.

Furent décorés de la médaille militaire :

Moulinneuf, sergent-major.
Curé, sergent.

[1] Ainsi succombèrent les sous-officiers Thiébaud, de la Pouzaire, Général, Landais, Boismoreau, etc.

A ces maux se joignait une souffrance morale qui fut une des grandes douleurs du siège, et que le temps loin de diminuer ne faisait qu'accentuer davantage. C'était la privation absolue des nouvelles de la province.

Gaudncheau, sergent.
Herbert, garde.
Siret, garde[1].

Voici quelle était la composition de l'état-major du régiment, à la suite des promotions dont il a été question plus haut :

Commandants.	MM. Lemercier,	1er bataillon.	
	Chappot,	2e —	
	De la Bouletière,	3e —	
Capit.-adjudts-majors.	Loriot,	1er bataillon.	
	Dupont,	2e —	
	De Béjarry,	3e —	
Officiers-payeurs.	Sabouraud,	1er bataillon.	
	A. de la Brière,	2e —	
	N. de la Brière,	3e —	
Médecins-aide-majrs.	Dessoliès,	2e bataillon,	1re classe
	Mion,	1er —	2e —
	Tartenson,	3e —	2e —
	Landois,	3e —	1re —

1er bataillon.

Capitaines.	MM. De Fontaine, Guy.
	Bory, Antoine.
	Papillaud, Alexandre.
	Fromaget, Léopold.
	Gilbert, Constant.
	Robineau, Marie-Omer.
	Bonnaud, Eugène.

[1] Le régiment vendéen avait par sa conduite mérité davantage, et il ne manquait pas de braves soldats qui eussent dû, eux aussi, recevoir le prix du courage qu'ils avaient montré. Toutefois, il est juste de reconnaître que plusieurs décorations furent ultérieurement accordées au régiment. C'est ainsi que MM. Gilbert, capitaine et Normand, lieutenant, blessés tous les deux à Champigny, reçurent la croix de la Légion d'honneur.

Lieutenants.
- Magord, Étienne-Eugène, officier de détail.
- Du Temps, Eugène.
- Pichard du Page, Quentin.
- Normand, Henri.
- Habert, Henri.
- Pouponneau, Marcellin.
- Chabot de Pèchebrun, Adrien.

Sous-lieutenants.
- Rousseau, Armand.
- Vallette, Anselme.
- Grolleau, Jean-Baptiste.
- Arrhancet, Pierre.
- Roy, Charles.
- Augustin, Edmond.
- Joffrion, Ludovic, détaché de son bataillon auprès du colonel comme officier d'ordonnance.

2e bataillon.

Capitaines.
- MM. Maumen, Erasme.
- Iribes, Jules.
- Courant, Eugène.
- Perrochain, François.
- Cornu, Édouard.
- Morineau, Lucien.
- Gibotteau, Gustave.

Lieutenants.
- Chevreau, Jean.
- Garnier, Benjamin, officier de détail.
- Tillier, Léon-Frédéric.
- Chevallereau, Gustave.
- Berthon, Marc.
- Boisson, Albert.
- Amiaud, Jules-Léopold.

Sous-lieutenants.
Gibotteau, Germain.
Callier, Charles-Aristide.
Motheau, Léopold.
Guillebaud, Philippe.
Richer, Théophile-Victor.
Dandurand, Léon.
Bruzon, Octave.

3e bataillon.

Capitaines.
Perrain, Gustave.
Simonnot, Gustave.
Pinson, Louis,
Guinaudeau, Osée.
Guillemet, Auguste.
Marsais, Gustave.
Seguin, Jean-Pierre.

Lieutenants.
MM. Motheau, Henri.
Devergie, Olivier.
Legrand, Etienne.
Gillaizeau, Léon.
Moreau, Paul.
De Goué, Octave.
Durand, Héliodore.

Sous-lieutenants.
Baudry, Gustave.
Sallé, Arthur.
Moreau, Pierre.
Couthouit, Arsène.
Cacaud, Onésime.
Chartier, Augustin.
Gouin, Alcide.

Le 27 décembre, le régiment fut appelé à occuper dans Paris, des casernements plus convenables et surtout plus appropriés à l'amélioration de la santé générale. Le 1er bataillon et la moitié du second allèrent s'installer à la caserne Napoléon ; le 3e bataillon et la seconde partie du 2e dans un local situé aux Tuileries, galerie de Diane[1].

Sauf un petit détachement de quelques compagnies du 1er bataillon qui furent envoyées pendant trois jours à Port-à-l'Anglais, pour y briser les glaces et dégager la flotille qui s'y était trouvée subitement immobilisée, le 35e ne participa à aucun événement digne d'être mentionné, jusqu'au jour où il fut appelé à prendre part à la grande sortie tentée dans la direction du mont Valérien.

Le 17 janvier, le lieutenant-colonel reçut avis qu'il allait prendre le commandement d'une brigade formée par le 35e mobiles et le 42e régiment de la garde nationale mobilisée de Paris, aux ordres du lieutenant-colonel Bixio.

Le 18 au soir, le régiment qui avait reçu quatre jours de vivres venait s'installer à Suresnes, où il était rejoint par le 42e.

Conformément aux instructions, cette brigade devait former l'extrême droite des troupes opérant sous les ordres du général Noël, attaquer par sa face ouest la redoute de Montretout et s'établir après l'occupation de la redoute sur le plateau qui s'étend vers l'ouest, afin de se rallier ainsi aux troupes commandées par le général de Bellemare.

L'attaque de la redoute devait être opérée de concert avec une autre colonne qui prononcerait son attaque par la face opposée. A 6 heures du matin, le 19, la brigade était rendue et formée en colonnes à un endroit qui lui avait été désigné et qu'on appelle la Briqueterie. Le lieutenant-colonel s'occupa aussitôt de disposer ses troupes pour l'attaque des hauteurs ; le 1er bataillon fut déployé en colonnes de division sur la droite du nouveau boulevard qui mène à Saint-Cloud ; il avait à sa gauche un bataillon de la garde nationale de Paris. Le 2e bataillon de la Vendée, formé en colonnes et placé à 600

[1] Le régiment avait été appelé à fournir la garde du gouverneur.

mètres en arrière, formait la réserve de la 1re ligne ; ces trois bataillons étaient placés sous les ordres directs du commandant de Béjarry. — Une réserve plus importante, formée du 3e bataillon de la Vendée et du 2e bataillon de la garde nationale, était placée sous le commandement du lieutenant-colonel Bixio et devait appuyer le mouvement de la première ligne, en se tenant en arrière de sa droite.

Par suite de retards dans l'arrivée des troupes commandées par le général Ducrot, l'ordre de suspendre l'attaque fut donné au moment où la brigade commençait sa marche en avant. Mais bientôt une fusillade s'étant fait entendre à l'extrême gauche, l'attaque fut reprise afin de ne pas laisser isolée une portion de nos colonnes. De là, résulta dans l'attaque de la redoute un manque d'ensemble qui rendit plus pénible le rôle attribué au régiment.

Vers 7 heures et demie, le commandant de Béjarry reçut l'ordre de se porter en avant. La première ligne s'avança jusqu'au pied des hauteurs, précédée de tirailleurs. Elle opéra ensuite un mouvement de conversion à gauche en se rapprochant de la redoute, pendant que le plateau était occupé par une partie du 2e bataillon. L'attaque contre la redoute fut menée avec beaucoup d'entrain ; malheureusement, elle ne fut pas suffisamment appuyée par l'artillerie, et les assaillants durent se replier après avoir éprouvé des pertes sensibles, principalement en officiers.

Le terrain sur lequel on opérait, fortement détrempé par les pluies, présentait à la marche un obstacle considérable, et augmentait ainsi les difficultés à surmonter. Le 2e bataillon s'empara alors des hauteurs, appuyé dans ce mouvement par le 3e, qui lui servait de réserve à une distance rapprochée.

Vers 10 heures et quart, notre feu d'artillerie étant devenu plus vif sur la redoute, la résistance de l'ennemi fut brisée et quelques colonnes entrèrent dans cette fortification ; une partie du 2e bataillon participa à cette opération. Le 2e bataillon de la Drôme fut alors envoyé pour renforcer notre ligne; il concourut avec notre brigade à l'occupation des hauteurs et nous aida à contenir les attaques de l'ennemi sous un feu d'infanterie et d'artillerie des plus vifs. Toute l'après-midi se passa dans cette lutte incessante. Vers 4 heures cependant, l'ennemi parut vouloir cesser toute attaque. A ce moment arrivait une forte colonne commandée par le général Avril de l'Enclos qui vint s'établir en avant de notre droite. Notre position paraissait des plus solides, quand tout à coup, vers 4 heures et demie, la bataille prit une tournure des plus fâcheuses pour les Français. Des forces ennemies, venant en grandes masses de Garches et de Saint-Cloud, attaquèrent nos lignes avec impétuosité et les couvrirent de leurs feux. Nos troupes commencèrent alors à plier, et, la nuit arrivant, il devint impossible de tenir plus longtemps la position. Cependant la brigade ne se replia qu'après en avoir reçu l'ordre du général Noël, et après avoir tenté un dernier effort, dans lequel le 3e bataillon joua un rôle important.

Vers 9 heures, les mobiles de la Vendée rentraient à Suresnes. La petite colonne commandée par le lieutenant-colonel avait eu 11 de ses officiers tués ou blessés; dans ce nombre la part du régiment était de 5 officiers, parmi lesquels se trouvait le lieutenant Vallette, qui mourait le surlendemain, des blessures qu'il avait reçues en faisant vaillamment son devoir.

Voici les noms des officiers mis hors de combat dans la journée du 19 janvier :

Tués, blessés ou disparus :

MM. De Béjarry, chef de bataillon.
Loriot, capitaine-adjudant-major.
Vallette, lieutenant.
Pouponneau, lieutenant.
Grolleau, sous-lieutenant.

87 sous-officiers, caporaux et soldats manquèrent également à l'appel (tués, blessés ou disparus)[1].

Le 20 janvier, le régiment rentrait à Paris, et presque immédiatement, il était appelé à y jouer un rôle moins enviable dans la répression des troubles qui éclataient à la suite de cette tentative infructueuse de sortie. Pendant plusieurs jours, le 35e eut un service des plus pénibles, et fut employé le jour comme la nuit à protéger directement l'hôtel du gouverneur et aussi l'hôtel de ville qui formaient les principaux objectifs des émeutiers.

Le 22 janvier, presque aussitôt après la fusillade qui eut lieu sur la place de l'hôtel de ville, entre un bataillon du Finistère et les rebelles armés, les deux premiers bataillons du régiment vinrent occuper la place et leur seule présence suffit à rétablir le calme.

Le 28 janvier. le gouvernement, pressé par le manque de vivres qui se faisait cruellement sentir[2] dans la population et aussi par la situation fâcheuse faite à nos armées de la province, signait une convention aux termes de laquelle l'armée de Paris devait rendre ses armes. Les officiers étaient exceptés de cette mesure et étaient autorisés à garder leur épée. Par suite de cet arrangement, le 3 février au matin, le régiment de la Vendée, faisait avec un profond serrement de cœur, dans l'église du Panthéon, la remise des fusils qu'il avait si souvent portés avec honneur devant l'ennemi.

Le 11 mars, les mobiles vendéens quittaient Paris.

[1] A la suite de cette affaire, le lieutenant-colonel mit à l'ordre du régiment le docteur Landois, aide-major du 3e bataillon.

En outre, le capitaine Guinaudeau fut décoré de la croix de la Légion d'honneur; le sergent Bordron et le garde mobile Guédon reçurent la médaille militaire.

[2] Voici à quelle ration en étaient alors réduits les mobiles de la Vendée : pain, 500 grammes; légumes secs ou comprimés, 30 grammes; viande de cheval, 200 grammes; sel, 20 grammes; sucre, 40 grammes; café, 30 grammes; vin, 50 centilitres; eau-de-vie, 0,05 centilitres... Mais le pain était devenu un mélange sans nom... et la viande de cheval était celle d'animaux n'ayant plus que la peau et les os. (*L. de la Boutetière. Loc. cit.)*

L'ordre qui suit fut lu au rapport du matin et distribué à chacun d'eux :

» Officiers, sous officiers, caporaux et gardes mobiles des trois premiers bataillons de la Vendée,

« Quelques jours encore, et vous regagnerez votre province, « où je me propose de vous accompagner.

« Il y a six mois, à l'appel de la patrie en danger, vous êtes « venus défendre contre l'ennemi envahisseur, les remparts « de la Capitale. Vous étiez à peine équipés et armés, et déjà « on vous appelait à fournir un service qui, d'ordinaire, n'est « demandé qu'à des troupes exercées. Votre bonne volonté a « suppléé à votre manque d'expérience, et, en même temps « que vous appreniez les premiers éléments du métier des « armes, vous étiez employés dans les avant-postes à proté- « ger les abords de Paris. Au milieu de fatigues incessantes, « dans des travaux de toutes sortes, par une saison des plus » rigoureuses, aux jours de combat, comme dans ces journées « néfastes où les esprits se troublaient sous les coups répétés « d'une fortune adverse, toujours et partout, vous avez donné « le salutaire exemple d'une troupe patiente, disciplinée, « obéissante à ses chefs, résignée dans les privations et dis- « posée à tous les sacrifices.

« Votre province ne reverra pas tous ses enfants ; la « maladie, le feu de l'ennemi ont éclairci vos rangs. Honneur « à ceux qui sont tombés au service de la patrie !

« Honneur à ceux qui, aux jours de la lutte, se sont fait « remarquer par leur courage et leur élan : l'estime de leurs « compatriotes sera pour eux la plus précieuse récompense !

« Honneur à ceux qui portent sur le corps de glorieuses ci- « catrices reçues en affrontant l'ennemi !

« Et maintenant, allez reprendre avec ardeur vos occupa- « tions et vos travaux habituels. Dans le calme du foyer « domestique, vous aurez bientôt oublié les fatigues et les « privations supportées dans la grande ville. Mais conservez

« toujours ce double sentiment du devoir et de l'honneur « qui vous a soutenus dans ces temps d'épreuves : propagez- « en le culte par vos récits comme par votre exemple. Ce « sentiment a fait votre force ; il sera dans l'avenir le levier « puissant à l'aide duquel la France meurtrie, mais non abat- « tue, reprendra dans le monde le rang que lui assignent ses « glorieuses traditions.

Paris, 7 mai 1871,

Le lieutenant-colonel,

H. MADELOR[1]. »

[1] Ce brillant officier, aujourd'hui général, commande à Vannes l'artillerie du XIe Corps d'Armée.

III

APPENDICE

BATAILLE DE CHAMPIGNY

PREMIÈRE JOURNÉE.

M. de Béjarry, capitaine-adjudant-major du 3e bataillon des mobiles Vendéens, aujourd'hui sénateur de la Vendée, a bien voulu nous donner de cette journée, dont il fut un des héros, le récit détaillé qui suit :

« Le café pris à trois heures du matin, la brigade se mit en mouvement, à 6 heures ; puis, d'abord par pelotons, ensuite rompue par quatre, monta au fort de Gravelle, passa sous ses murs et atteignit Joinville ; elle franchit la Marne sur le pont de droite et fut formée en réserve par division, à droite de la route de Champigny.

« L'attaque du bas Champigny était commencée. L'artillerie de réserve couvrait les hauteurs de Chennevières de ses feux. L'artillerie prussienne répondit vigoureusement, cherchant à atteindre le 35e mobiles qu'on dut rapprocher de la route.

« Le bas Champigny enlevé, la brigade en colonne par sections, s'avança jusque dans le village, où il y eut un moment d'embarras, l'artillerie tenant le milieu de la route et les troupes d'attaque se reformant sur le trottoir de gauche, pendant que les mobiles suivaient par quatre le trottoir de droite.

« La tête de colonne tourna sur la route d'Ormesson. A peine y fut-elle engagée que les batteries prussiennes, muettes depuis un moment, essayèrent de diriger un feu plongeant sur elle.

« A ce moment, le colonel Hennet de l'état-major de la division, donna l'ordre au 3e bataillon, qui suivait les deux premiers, de rétrograder pour rejoindre le général de brigade sur la route pavée qui monte à Chennevières. Il s'agissait de soutenir un bataillon du 42e de ligne qui venait de plier sous un feu effroyable. En même temps deux pièces d'artillerie, mises en batteries au haut du chemin pavé, essayaient de faire brèche dans les murs du parc qui domine Champigny. Elles furent de suite réduites au silence.

« Abrité par les talus de gauche du chemin, le 3e bataillon du 35 mobiles montait sans trop souffrir. A ce moment débouchèrent les compagnies du 42e qui avaient dû redescendre un instant avant pour s'abriter, et le commandant du 3e bataillon lança sa tête de colonne avec elles.

« La colonne était par quatre et la 1re compagnie devait se déployer en tirailleurs en arrivant sur le plateau, chaque compagnie exécutant successivement le même mouvement sur l'espace qu'elle trouvait libre et fournissant sa réserve.

« La première compagnie fut reçue par un feu croisé de mousqueterie et de boites à mitrailles. Elle se massa, au lieu de se déployer, souffrit beaucoup et fut coupée par les pièces d'artillerie qui avaient dû cesser leur feu. La gauche de la 1re compagnie et toute la 3e furent mises en retard, pendant que les dernières s'engageant vigoureusement, un peu plus à gauche, soutenaient énergiquement l'attaque.

« Les tirailleurs ennemis se replièrent rapidement dans le parc et commencèrent à tirer par les créneaux. Cependant, engagés sur la droite du 3e bataillon, les deux premiers bataillons du régiment et un bataillon du 35e de ligne n'avaient pu tenir. Le 3e se trouva donc inopinément découvert ; la grille du parc, en face du chemin pavé, donna passage à une forte ligne de tirailleurs.

« Les plus rapprochés de la grille purent voir ce mouvement et y parer en revenant vivement s'embusquer au haut du chemin pavé ; mais ceux qui étaient plus à gauche, se dirigeant sur Cœuilly, furent enveloppés.

A l'appel du matin, le bataillon comptait 900 hommes ; le soir, on accusait 200 tués, blessés ou disparus, et 12 officiers hors de combat.

Le chiffre rectifié fut de 172. Mais le chef de bataillon, l'adjudant-major et quatre capitaines étaient blessés ; un lieutenant tué, trois autres prisonniers avec ou sans blessures. Tout était désorganisé. »

M. de la Boutetière, le vaillant chef du 3e bataillon vendéen, rendant compte de cette néfaste bataille dans son *Historique du 3e bataillon*, dit de son côté (p. 22 et 23) :

« . . . . Au moment où nous parvînmes sur le bord du plateau, le 42e s'avançait sous un feu violent avec un aplomb et une solidité dignes de nos meilleurs jours. Mais un vide assez grand existait sur sa droite ; d'autant plus qu'une batterie qui se trouvait là, ayant épuisé ses munitions, se retirait en arrière pour se mettre à l'abri du feu qui lui causait beaucoup de mal, et un bataillon du 35e de ligne la suivait en désordre. Par suite, le commandant ne crut pouvoir mieux exécuter l'ordre qu'il avait reçu qu'en portant vivement la tête de son bataillon avec le 42e, le reste suivant de manière à fermer l'espace béant par où l'ennemi pouvait nous tourner. Ce fut, en effet, ce qui arriva. Tout en soutenant sans désavantage le feu de Cœuilly, nous avancions rapidement, et nous nous disposions, en mettant la baïonnette au bout du canon, à nous jeter sur cette position, à 800 mètres environ de notre point de départ, lorsqu'au milieu de ce parcours, nous fûmes arrêtés.

« Nos deux premiers bataillons, un peu en l'air, sans artillerie, avaient été attaqués et repoussés avec d'assez fortes pertes, et un bataillon Wurtembergeois vint se jeter tout à coup dans notre flanc droit, ouvrant sur nous, à moins de 200 pas, le feu le plus vif et le mieux nourri. Ce mouvement fut si brusque qu'on ne put y remédier. En l'essayant, le chef de bataillon et tout ce qui l'entourait tomba sous cette grêle de balles. »

DEUXIÈME JOURNÉE.

« Ce jour-là, nous écrivait naguère le docteur Mion, alors aide-major au 1er bataillon du 35e mobiles, les Allemands, qui avaient reçu des renforts, tombèrent à l'improviste sur nos troupes exténuées, forcèrent notre première ligne à se replier sur la seconde, et, comme il était encore grand matin, qu'il faisait presque nuit et qu'on ne savait pas ce qui se passait, il y eut bientôt un désordre épouvantable dans toute la division.

« L'unique rue de Champigny fut bientôt encombrée par nos soldats, qui, n'obéissant plus à la voix de leurs chefs, revenaient précipitamment vers Paris : fantassins, mobiles de tous régiments, artilleurs avec leurs pièces, descendant au galop furieux de leurs chevaux; ajoutez à cela les obus prussiens éclatant sans cesse et infailliblement sur cette route pavée, et y semant la confusion et la mort, les balles avec leurs sifflements sinistres, — et vous vous ferez une idée, encore bien imparfaite, de ce qui se passa, le matin du 2 décembre.

« On était sans ordres, chacun agissant à sa guise, et autant que les circonstances le permettaient. Debout, sur la chaussée, les officiers essayaient en vain de rassembler leurs hommes et de remonter le flot. J'étais moi-même à dix pas de là, dans une position assez critique. Ne voulant pas abandonner à l'ennemi ma mule et mes cantines contenant toute notre pharmacie, je mettais toute mon énergie à retenir mes brancardiers. Mon ordonnance et l'un d'eux m'obéirent et nous sortîmes sur la route, au pas, au milieu de cette foule affolée...

« Un officier d'état-major me reconnaissant pour être un des médecins du régiment de la Vendée me demanda ce qu'était devenu ce dernier. Je lui désignai un rassemblement d'hommes. Il me fit alors abandonner mes blessés et me pria de l'accompagner. « Vous ne devriez pas, me dit-il, aller au feu ; mais il faudrait absolument faire remonter votre régiment dans Champigny, et votre présence donnera un peu d'assurance aux hommes. »

« L'ordre fut donc donné de réoccuper les positions qu'on venait d'abandonner. Nos officiers se mirent bravement à la tête de ce qui restait du régiment et nous reprîmes la route fatale... »

BATAILLE DE BUZENVAL-MONTRETOUT

Nous avons raconté ailleurs (*Souvenir du siège de Paris. — Anselme Vallette, lieutenant au 1er bataillon des mobiles Vendéens*, broch. in-8° 46 pp. Fontenay-Caurit, 1875), et d'après les récits qui en avaient été faits par plusieurs officiers du régiment, les diverses phases de cette funeste journée de Buzenval-Montretout, qui fut, comme nous l'écrivait si justement le commandant A. de Béjarry, « la page sanglante et glorieuse de l'histoire du 1er bataillon » :

« . . . Il ne fait pas jour encore, que le régiment commandé par le chef du 3e bataillon, M. de Béjarry, (M. Madelor, colonel du 35e mobiles, ayant sous ses ordres la 3e brigade tout entière), se dirige vers le pied de la redoute de Montretout.

« D'après les premières instructions du général Noël, commandant la division, le 35e mobiles devait occuper le couronnement des crêtes entre la redoute de Montretout et les maisons isolées qui sont à mi-chemin de Buzenval, tandis que les autres brigades de la division attaqueraient directement la redoute.

« Mais tout à coup le général Noël change son plan. « Il faut, s'écrie-t-il, que la Vendée marche en tête ! »

« Le régiment Vendéen doit donc attaquer franchement la redoute. Après des marches et contre-marches sans nombre, on arrive enfin dans la plaine, en avant du Mont-Valérien. Il est sept heures du matin. Le colonel Madelor, faisant fonctions de général, donne le signal de l'attaque. C'est le 1er bataillon qui doit le premier affronter le feu des batteries ennemies. Il s'avance sans crainte, et la tête haute. A mesure qu'on approche des hauteurs qu'il faut escalader, les compagnies se déploient de façon à entourer la redoute tout entière, font leurs décharges et se couchent à terre, tandis que l'ennemi répond.

« Mais le temps, qui jusque-là s'était montré si dur, s'est radouci ; le dégel est complet, la terre est détrempée et imbibée d'eau ; de plus, on marche dans des vignes à échalas qui offrent à tout instant de nouveaux obstacles. Cependant on arrive à cinquante mètres à peine de la redoute. L'espoir règne dans tous les cœurs : bientôt on sera maître de ces meurtrières batteries. Mais alors le feu redouble : les Allemands ont reçu du renfort. Nos mobiles, complètement à découvert, reçoivent non-seulement le feu de l'ennemi, mais aussi celui de leurs camarades, qui attaquent le côté opposé de la redoute.

« A cette distance, le feu est devenu excessivement vif. Les balles tombent comme grêle et font de nombreux vides. Le commandant de Béjarry est blessé et obligé de quitter le champ de bataille.

« Le mouvement en avant du bataillon commence à ne plus s'effectuer aussi rapidement ; quelques hommes épuisés se couchent à terre, d'autres s'arrêtent, quelques-uns dont les fusils refusent le service font mine de fléchir. Heureusement trois compagnies viennent à temps renforcer le 1er bataillon. Le mouvement en avant reprend un peu ; tous les officiers se jettent à la tête de leurs hommes. Mais le feu ennemi redouble, la mitraille couvre les rangs et arrête de nouveau l'élan de nos mobiles. C'est alors qu'Anselme Vallette tombe, frappé de deux balles, au moment où brandissant son sabre, il essayait une fois encore d'entraîner ses hommes, qui, en présence d'un feu de plus en plus violent, n'osaient plus avancer.

« Pendant que le 1er bataillon, épuisé par plusieurs heures d'une lutte continuelle, allait se reformer derrière une maison voisine transformée en ambulance, le 2e bataillon entrait enfin courageusement dans la redoute, sous la conduite du commandant Chappot.. »

www.ingramcontent.com/pod-product-compliance
Ingram Content Group UK Ltd.
Pitfield, Milton Keynes, MK11 3LW, UK
UKHW020403250726
13967UKWH00005B/2444